Paul Strathern

Aristoteles in 90 Minuten

Eichborn.

Die Deutsche Bibliothek – CIP-Einheitsaufnahme

Strathern, Paul:
Aristoteles in 90 Minuten / Paul Strathern. [Aus dem Engl. von Xenia Osthelder]. – Frankfurt am Main : Eichborn, 1996
ISBN 3-8218-0493-0

Umschlaggestaltung: Rüdiger Morgenweck
Herausgeber: Albert Sellner
Übersetzung: Xenia Osthelder
Gesamtherstellung: Fuldaer Verlagsanstalt, Fulda
ISBN 3-8218-0493-0

Verlagsverzeichnis schickt gern:
Eichborn Verlag, Kaiserstraße 66, D-60329 Frankfurt am Main

Aristoteles (384 - 322 v. Chr.)

Auf einem Berg oberhalb von Stagira, einem Dorf auf der Chalkidike in Nordgriechenland, steht eine nicht besonders eindrucksvolle Statue des Aristoteles. Das ausdruckslose Gesicht des Philosophen starrt über die bewaldeten Hügel in die Ferne auf die blaue Ägäis. Die makellos weiße Marmorgestalt leuchtet in der strahlenden Sonne. Sie ist mit einem ausgeschnittenen Gewand bekleidet und hält eine leicht beschädigte Schriftrolle in der linken Hand. (Die Verstümmelung soll das Werk eines argentinischen Philosophieprofessors sein, der seiner Souvenirleidenschaft frönte.) In den Sockel sind die griechischen Worte »Aristoteles, der Stagirit« gemeißelt.

Aristoteles erblickte das Licht der Welt im Jahre 384. Doch trotz der Statue wurde er nicht im modernen Stagira geboren, sondern – laut meinem Führer – in dem nicht weit entfernten antiken Dorf gleichen Namens, dessen Ruinen bis auf den heutigen Tag vorhanden sind. Nach der enttäuschenden Begegnung mit dem Marmor-Aristoteles machte ich mich auf den Weg zu den Ruinen. Sie befänden sich nur ein paar Meter weiter die Straße hinunter, meinte ein Batman, der gerade aus der Schule kam und mit einem Schwung seines schwarzen Plastikumhangs hinab zur Küste wies.

Ich marschierte eine ganze Stunde lang in der Gluthitze auf der gewundenen Straße in Richtung Meer. Wildes Donnergrollen über den felsigen Hügeln drohte ein heftiges Gewitter an.

Schließlich nahm mich ein Autofahrer bis zum Dorf Stratonion mit, einer schaurigen Mischung aus verlassenem Badeort und Bergbausiedlung. Von einem Schreiner, der gerade das geschlossene Café an der menschenleeren Strandpromenade renovierte, erfuhr ich, das antike Stagira liege irgendwo abseits der alten Straße, ein wenig weiter in Richtung Norden.

Also ging es zu Fuß weiter, denn mein freundlicher Autofahrer war längst über alle Berge, und sonst war weit und breit kein Gefährt auszumachen. Es dauerte nicht lange, bis ich merkte, daß die Herbstgewitter in diesem Teil des Landes gewaltig sein können. Eine Ewigkeit lang kauerte ich unter einem schmalen Felsvorsprung, während sich sintflutartige Wassermassen die kahlen Hügel hinabstürzten. In der Düsterkeit um mich herum zuckten die Blitze und krachte der Donner. Auch als der Zauber vorbei war, fand ich weder Ruinen noch eine Mitfahrgelegenheit zurück. Ich war bis auf die Haut durchnäßt und stinksauer wegen der Aristotelesstatue, die mich ins falsche Stagira gelockt hatte. Das ist schierer Betrug, haderte ich. Das moderne Stagira hat keinerlei Recht darauf, sich als Aristoteles' Geburtsort aufzuspielen, nur weil es zufällig den gleichen Namen trägt. Da könnte ja auch New Orleans eine Statue der heiligen Johanna aufstellen. Das Geld für die Reise hätte ich sicherlich für eine schöne Werk-Ausgabe besser angelegt . . .

Aristoteles wurde im antiken Stagira, einem Dorf im griechischen Teil Makedoniens geboren. Im 4. Jahrhundert v. Chr. erfreute sich Makedonien bei den damaligen Griechen einer ähnlichen Beliebtheit wie bei den heutigen die Türkei. Doch Stagira war keineswegs von allen Verbindungen zum Mutterland abgeschnitten, es war eine kleine griechische Kolonie, die von der Kykladeninsel Andros aus gegründet worden war.

Aristoteles' Vater Nikomachos war der Leibarzt des makedonischen Königs Amyntas, des Großvaters von Alexander dem Großen. Dieser Beziehung, die sich später zu einer Freundschaft vertiefte, scheint Nikomachos einen beträchtlichen Reichtum verdankt zu haben. Er erwarb Güter in der Gegend von Stagira und anderen Teilen Griechenlands. Der junge Aristoteles wuchs in einer Atmosphäre ärztlicher Gelehrsamkeit auf, verlor seinen Vater jedoch bereits in jungen Jahren. Er wurde nach Atarneus, einer griechischen Stadt in Kleinasien, gebracht, wo er von seinem Vetter Proxenos erzogen wurde.

Wie so mancher junge Erbe machte sich auch Aristoteles bald daran, sein Vermögen ohne Umschweife unter die Leute zu bringen. Nach einer alten, allerdings ein wenig zweifelhaften, Überlieferung soll er alles in Wein, Weib und Gesang investiert haben, so daß er schließlich aus Geldnot eine Weile in die Armee eintreten mußte. Danach sei er nach Stagira zurückgekehrt und Arzt geworden. Im Alter von dreißig Jahren habe er als wieder wohlhabender Mann seiner Heimatstadt erneut den Rücken gekehrt und sich nach Athen begeben, um unter Platon an der Akademie zu studieren. Er sei acht Jahre dort geblieben. Mittelalterliche

Hagiographen, die fest entschlossen waren, aus Aristoteles einen Heiligen zu machen, unterschlugen solche Quellen. Sie nahmen in ihren Biographien derlei unvorstellbare Verunglimpfungen entweder gar nicht erst zur Kenntnis oder leugneten sie rundweg ab. Es gab allerdings noch eine zweite antike Version über Aristoteles' junge Jahre. Dieser erheblich langweiligeren (aber zugegebenermaßen glaubwürdigeren) Quelle gemäß trat er mit siebzehn Jahren der Akademie bei. Doch auch in dieser Fassung seiner Lebensgeschichte ist noch vage von einer kurzen Sturm-und-Drang-Periode des Jung-Philosophen die Rede.

An der Akademie kam Aristoteles jedenfalls bald zur Ruhe und konzentrierte sich voll auf seine Studien. Schnell machte er sich einen Namen als der klügste Kopf seiner Altersgruppe und rückte vom Studenten zum Kollegen Platons auf. Anscheinend betete Aristoteles Platon anfangs geradezu an. Es ist ziemlich sicher, daß er zunächst zum hundertfünfzigprozentigen Anhänger der platonischen Lehren wurde. Seine Philosophie basiert auf Platons Prinzipien. Doch Aristoteles war ein zu eigenständiger Kopf, um einem Meister zu folgen – auch wenn dieser Platon hieß. Jedesmal sooft er in den Werken seines Vorbildes auf einen Widerspruch stieß (oder, Gott behüte, auf einen Fehler), sah er es als seine Pflicht an, Platon darauf hinzuweisen – was diesen mit der Zeit irritierte. Allem Anschein nach haben sich die beiden größten Geister ihrer Epoche zwar nicht eigentlich verkracht, aber es sieht danach aus, als ob sie einen gewissen Abstand für sinnvoll hielten. Man weiß, daß Platon Aristoteles als »Verstand auf Beinen« und sein Haus als »Leseladen« bezeichnete. Das ist ein Seitenhieb auf Aristoteles' berühmte Sammlung. Der von unstillbarer Neugier auf alles und jedes besessene Nachwuchsstar kaufte alle seltenen Schriftrollen auf, derer er habhaft werden konnte, so daß er als eine der ersten Privatpersonen dieser Welt eine eigene Bibliothek besaß.

Der junge Akademiker verfügte offenbar entweder aus seinen ererbten Gütern oder aus später erworbenem Vermögen über erkleckliche Einkünfte. Bald war er in ganz Athen für seine kultivierten Umgangsformen und einen entsprechenden Lebensstil (der allerdings ganz im Zeichen seiner Gelehrsamkeit stand) bekannt. Der Überlieferung zufolge war Aristoteles ein lispelndes, schmächtiges Kerlchen auf spindeldürren Beinen. Vielleicht wollte er sein Aussehen wettmachen und kleidete sich deshalb besonders schmuck. Seine Sandalen und Chitons entsprachen stets dem neuesten Schrei, und seine Hände waren mit geschmackvollen edelsteinbesetzten Ringen geschmückt. Selbst Platon, der selbst auch nicht gerade am Hungertuch nagte, beneidete Aristoteles um seine Bibliothek. Doch trotz seines angenehmen Lebens bestanden die frühen Werke Aristoteles' (die verloren sind), in der Hauptsache aus Dialogen, in denen über die Sinnlosigkeit des Daseins und die Freuden des Lebens nach dem Tode diskutiert wurde.

Auf Dauer konnte Aristoteles allerdings seinen konstitutionellen Wissensdurst auf die theoretischen wie die praktischen Seiten des Lebens nicht unterdrücken. Deshalb maß er Platons Lehre zunehmend an der Realität. Dieser war der Auffassung, die Welt, wie wir sie wahrnehmen, bestehe nur aus Erscheinungen. Eigentlich real seien nur die hinter der Welt liegenden Ideen – die Formen oder Idealen glichen. Die Einzelobjekte der Erscheinungswelt seien nur insofern wirklich, als sie an der eigentlichen Ideenwelt teilhätten. So sei der braune Dackel, den ich die Straße hinunterlaufen sehe, nur deshalb ein Hund, weil er an der Idee (oder Form) der Hundheit teilhabe. Und er sei nur deshalb braun, weil er an der Idee (oder dem Ideal) der Braunheit teilhabe. Die einzig wahre Realität liege also jenseits der wahrnehmbaren Welt, im Reich der Ideen.

Während Platon die Welt von einem letztlich religiösen Ansatz ausgehend deutete, neigte Aristoteles zu einer wissenschaftlichen Sicht der Realität. Deshalb widerstrebte es ihm, die Welt schlicht als unwirklich abzutun. Sein philosophischer Weg verlief jedoch nicht gerade. Zunächst teilte er die Dinge in primäre und sekundäre Substanzen ein. Dabei freilich waren die primären Substanzen für ihn die Gegenstände der Welt, die sekundären Substanzen die Ideen oder Formen. Anfangs war er unentschlossen, welche der beiden Substanzen real sei, nicht zuletzt zögerte er aus Respekt vor Platon. (Es war schließlich sein alter Lehrer, der als erster diesen Gedanken ausgesponnen hatte.) Doch nach und nach wuchs in Aristoteles die Überzeugung, daß die Welt, in der er lebe, wirklich sei, und er rückte von Platons Lehren ab.

Im Verlauf der Jahre stellte er Platons Philosophie sogar buchstäblich auf den Kopf – obwohl seine Lehren zur Metaphysik deutlich Platon verpflichtet blieben. Während dieser in den Formen Ideen sah, die eine Existenz für sich hatten, sah Aristoteles in den Formen (oder »Universalien«, wie er sie nannte) eher Wesenheiten, die in der Substanz der Welt verkörpert und ohne eigene Existenz waren. Aristoteles entwickelte eine Anzahl vernichtender Argumente gegen Platons Ideenlehre. Er scheint aber nicht gemerkt zu haben, daß seine Kritik auch auf seine eigene Theorie der Universalien zutrifft. Doch sollte er nicht der einzige sein, der das nicht bemerkte. In der Geistesgeschichte hatte dies bemerkenswerte Konsequenzen. Platons Theorien wurden im wesentlichen in der Gestalt der modifizierten Lehre des Aristoteles' zur herrschenden Philosophie des Mittelalters. Es war ein Glück, daß seine Werke so reich an dunklen Stellen und offensichtlichen Widersprüchen sind, denn die unterschiedlichen Interpretationen lösten bei den mittelalterlichen Gelehrten endlose Kontroversen aus. Nur diesen eigenartigen Disputen über Irrtümer, Häresien, schismatische Irrlehren und vom Teufel eingeflüsterte Fehlinterpretationen verdanken wir es wahrscheinlich, daß wenigstens ein Rudiment des Philosophierens die Zeiten überstand. Es gibt jedoch ernstzunehmende Gelehrte, die behaupten, ein Teil der Streitgespräche sei über nichts weiter als einfache Schreibfehler geführt worden – zu denen es gekommen sei, weil die mittelalterlichen Kopisten gelegentlich unleserliche Worte in zerfressenen Pergamenten nach eigenem Gutdünken ersetzten.

347 starb Platon, und die Stelle des Akademieleiters wurde frei. Ein halbes Dutzend der tüchtigsten Kollegen Platons waren der Meinung, nur ein bestimmter Mann könne diesen angesehenen Posten übernehmen. Leider dachte dabei jeder an einen anderen (in der Regel an sich selbst). Hierin war auch Aristoteles keine Ausnahme. Es erfüllte ihn mit Abscheu, daß Platons Vetter Speusippos die Stelle erhielt. Speusippos soll stets so übler Laune gewesen sein, daß er sogar einmal seinen Hund in einen Brunnen schmiß, weil dieser während seines Unterrichts bellte. Als eine seiner we-

sentlichen Leistungen wird ihm die Erfindung einer Tragevorrichtung nachgesagt, mit deren Hilfe der Transport von Anfeuerholz erleichtert wurde. Es war nicht eben Glück, das die Regentschaft des Speusippos über die Akademie auszeichnete. Auch sein Ende sollte eher traurig sein. Er wählte aus Scham den Freitod, nachdem er sich bei einem Wortwechsel mit dem Kyniker Diogenes in aller Öffentlichkeit auf der Agora lächerlich gemacht hatte. Speusippos war dem Mann, dessen Lehren zweitausend Jahre lang die Grundlage allen Denkens werden sollten, geistig keineswegs gewachsen. Aber die Verwandtschaftsbande zu Platon gaben den Ausschlag. Als seine Ernennung beschlossen war, verließ ein äußerst ergrimmter Aristoteles Athen, und sein Freund Xenokrates, auch er ein frustrierter Kandidat, folgte ihm nach.

Aristoteles überquerte die Ägäis nach Atarneus, wo er seine Jugend verbracht hatte. Diese Ecke Kleinasiens hatte zwischenzeitlich der Eunuch Hermias, ein griechischer Söldner, in seine Gewalt gebracht. Hermias war sehr beeindruckt von der Akademie, die er anläßlich eines Aufenthaltes in Athen besucht hatte, und er hieß Aristoteles mit offenen Armen willkommen. Hermias wollte aus Atarneus ein Zentrum der griechischen Kultur machen, und der renommierte Intellektuelle aus der Metropole sollte ihn beraten, wie das am besten zu bewerkstclligen sei.

Aristoteles' politische Philosophie besteht zu weiten Teilen aus Analysen der verschiedenen Staatstypen – der

Monarchie, der Tyrannis, der Oligarchie, der Demokratie – und wie man sie am besten regiert. Er verstand ziemlich viel von der Politik. Deshalb vertrat er, im Gegensatz zu Platons idealistischem Ansatz, eine pragmatische Position. In *Der Staat* beschreibt Platon, wie ein Philosophenkönig sein utopisches Staatswesen regieren soll (das, wie alle Utopien, auf eine reichlich unerträgliche Diktatur hinauslief). Aristoteles hingegen legt dar, wie man einen tatsächlich existierenden Staat leitet. Seinen Beobachtungen nach, die bis in die Biologie reichen, ist die Staatsgemeinschaft etwas Naturgegebenes. Die Maßnahmen, die er empfiehlt, erinnern häufig an Machiavelli. Aristoteles wußte, wie die Politik funktioniert. Er wußte auch, daß sie effektiv sein muß, um überhaupt etwas zu taugen. Das soll nicht heißen, er habe keine Ideale gehabt. Im großen und ganzen ging er davon aus, es sei Sinn und Zweck eines vernünftigen Staates, eine Schicht gebildeter Bürger, so wie er einer war, hervorzubringen und diese zu schützen. Doch sah er ein, daß dies nicht immer möglich war. Eine erfolgreiche Tyrannis brauche einen wahren Tyrannen als Herrscher. In einem Polizeistaat aber sei kein Platz für eine gebildete Elite. An einer Stelle verweist er allerdings auf eine alternative Form der Tyrannis. Der Tyrann könnte vorgeben, religiös zu sein und dadurch die Voraussetzung für tragbare, gemäßigte Verhältnisse schaffen.

Es wird behauptet, Aristoteles habe wahrscheinlich den moderaten Ansatz gewählt, als er versuchte, den Tyrannen Hermias zu erziehen. Meiner Ansicht nach ist das jedoch sehr unwahrscheinlich. Damit will ich allerdings nicht sagen, Aristoteles habe sich für die typischen Maßnahmen eingesetzt, die zum Fortbestand einer waschechten Tyrannis unerläßlich sind, als da wären: kulturelle Gleichschaltung, Terrorisierung und Ausbeutung der Bevölkerung, Arbeitseinsätze bei großen öffentlichen Bauvorhaben und ab und zu ein kleiner Krieg, damit die Leute nicht einschlafen und sehen, daß sie einen großen Führer brauchen. (Diese Analyse Aristoteles' trifft sowohl auf die Politik von Platons Philosophenkönig als auch auf die von sagen wir Saddam Hussein zu.)

Aristoteles war kein junger Mann mehr, als er seine politische Philosophie entwarf. Als er Hermias unter seine Fittiche nahm, war er noch ein Anhänger von Platons *Staat*. Doch auch unter diesen Umständen ist es durchaus vorstellbar, daß er Platons Lehre vom Philosophenkönig den Gegebenheiten taktvoll anpaßte. Der Eunuch-Tyrann brauche kein Philosoph zu werden, er solle nur sicherstellen, daß er auf den Rat eines Philosophen höre.

Mit einem »wertfreien« Gestus wie nur irgendeiner der modernen Politikwissenschaftler untersucht er die Bedrohungen für die einzelnen Staatsformen. Welche Anlässe zu Revolutionen führen können. Und er entwickelt ganze Kataloge von Maßnahmen, wie sich Monarchie und Aristokratie, Demokratie und Tyrannis erhalten können.

Als Aristoteles sich dem reiferen Alter näherte, war er zwar ein Dandy, ansonsten aber zwiebacktrocken. (Angesichts einer Kleidung, die sich auf

Chiton und Sandalen beschränkte, wird er seine modischen Gelüste nur mäßig haben ausleben können.) Dann aber geschah es, daß sich Aristoteles zum Erstaunen aller, die ihn näher kannten, verliebte. Sie hieß Pythias und lebte am Hof des Hermias. Bald heißt es, sie sei des Hermias Schwester, bald, sie sei seine Adoptivtochter gewesen. Und einige für gewöhnlich verläßliche Quellen behaupten, sie sei ursprünglich die Konkubine des Hermias gewesen. (Angesichts seiner physiologischen Beschaffenheit müßte die Stellung ein angenehmer Repräsentativjob gewesen sein.) Die Widersprüche lassen die Vermutung zu, daß Pythias eine Art Hofkurtisane war. Ist also Aristoteles ein frühes Beispiel für Professor Unrat und seinen »blauen Engel«?

Pythias war jedenfalls keine Jungfrau, als Aristoteles sie ehelichte. Das kann man aus seiner Bemerkung schließen: »Was aber den geschlechtlichen Umgang eines Mannes mit einem anderen Weibe als seinem eigenen und einer Frau mit einem anderen Manne anlangt, so muß es überhaupt und unter allen Umständen schlechterdings für unerlaubt gelten, sich auf denselben einzulassen, solange man Gatte und Gattin heißt . . .«

Daraus folgt nämlich, daß die »Untreue« *vor* der Ehe in Ordnung war. Dieser Satz findet sich in seinen Überlegungen zum Ehebruch. Man hat den Eindruck, als habe er, sobald es um zwischenmenschliche Beziehungen geht, seine doch wohl recht beschränkten persönlichen Erfahrungen verallgemeinert. So versichert er beispielsweise auch, das beste Heiratsalter sei für den Mann 37 und für die Frau 18 Jahre – was exakt seinem eigenen Alter und dem seiner Frau bei der Eheschließung entspricht. Aristoteles mag zwar auch persönlich in Vortrag und Disputationen brillant gewesen sein, aber die Phantasie gehörte nicht unbedingt zu seinen starken Seiten.

Umso ironischer mutet es an, daß dieser prosaische Aristoteles mit seiner *Poetik* das einflußreichste Werk über die Literatur verfaßte, das je geschrieben wurde. Platon, von allen Philosophen eindeutig der poetisch begabteste, propagierte hingegen, alle dichterischen Werke – außer Götterhymnen und Lob der Tüchtigen – müßten verboten werden. (Was wollte uns Platon vorenthalten? fragt man sich da.) Aristoteles schätzte die Poesie sehr hoch.

Er hielt sie für wichtiger als die Geschichte, weil enger mit der Philosophie verwandt. Die Geschichte befasse sich nur mit einzelnen Ereignissen, wohingegen die Poesie näher am Universalen sei. Hier scheint er sich zu widersprechen und Platons Weltsicht wiederzugeben. Der berühmte Satz des Aristoteles, die Tragödie erwecke Mitleid und Angst, damit die Seele geläutert werde, ist eine fundamentale Einsicht. Die Analyse des Tragischen lag ihm, da er selbst ein tiefsinniger und im wesentlichen ernsthafter Mensch war. Wo es allerdings heiter zuging, da geriet er ins Schleudern, nämlich als er sich mit der Komödie befaßte. Seiner Auffassung nach werden in der Komödie die schlechten Menschen nachgeahmt. Die Lächerlichkeit sei nur die lustig auftretende

Kostümierung der Häßlichkeit. Auch die genialste Ästhetik wird es immer nur ein kleines Stück weit schaffen, das von der Kunst geschaffene Durcheinander zu beseitigen. Wer aber gar die Komödie bis auf den Grund analysieren will, wird schließlich fast immer als Opfer der Bananenschale ausrutschen. Aristoteles bildet da keine Ausnahme. Es unterlief ihm doch tatsächlich die Formulierung, die Komödie sei anfangs nicht ernst genommen worden.

Kurz nach seiner Eheschließung gründete Aristoteles eine Schule in Assos. Drei Jahre später zog er nach Mytilene auf Lesbos, wo er eine weitere Schule stiftete. Man weiß, daß er sich mittlerweile sehr für die Klassifizierung von Pflanzen und Tieren interessierte. Am liebsten suchte er seine Spezimen an der Küste des fast ganz von

Land eingeschlossenen Golfes von Geras. Dessen blaue Wasser liegen zu Füßen des Olymp von Lesbos und sind heute noch so idyllisch wie sie damals gewesen sein müssen. Im Frühling sind die Hänge mit einem bunten Blumenteppich bedeckt, und in Aristoteles' Tagen gab es dort Wölfe, Wildschweine, Luchse und in den Bergen sogar Bären. Ein wahres Paradies für den ersten Naturkundler der Welt. In seinen Werken über die Natur versuchte Aristoteles, eine Hierarchie der Klassen und Arten festzustellen, wurde aber von der schieren Fülle des Materials überwältigt. Er war davon überzeugt, daß die Natur einen Zweck und jede Einzelheit ihre Funktion habe. Alles in der Natur habe seinen Sinn, behauptete er. Es dauerte über zwei Jahrtausende, bis Darwins Evolutionstheorie die Biologie einen Schritt weiter brachte.

Aristoteles' größte Leistung liegt im Bereich der Logik. Er ist genau genommen ihr Erfinder. Seiner Ansicht nach war die Logik die Grundlage allen Lernens. Platon hatte erkannt, daß man durch die dialektische Methode (Streitgespräch in Form von Frage und Antwort) Wissen erwerben konnte. Doch Aristoteles formalisierte und erweiterte diese Methode durch seine Entdeckung des Syllogismus. Bei der Feststellung bestimmter Tatsachen zeigt sich, daß noch etwas anderes, als das, was festgestellt wurde, notwendigerweise folgt. Wenn wir etwa die beiden folgenden Aussagen nehmen:

»Alle Menschen sind sterblich.«

»Alle Griechen sind Menschen.«

dann kann daraus abgeleitet werden:

»Alle Griechen sind sterblich.«

Das ist logisch notwendig und unbestreitbar.

Aristoteles nannte seine Logik »Analytika«, was »Entwirrung« bedeutet. Jede Wissenschaft und jedes Wissensgebiet müsse von Prinzipien oder Axiomen ausgehen. Von diesen könnten die Wahrheiten durch die Logik abgeleitet (oder entwirrt) werden. Die Axiome definierten das Wirkungsfeld des Gebietes und trennten es von unwichtigen oder unvereinbaren Elementen. Biologie und Poesie gingen beispielsweise von Prämissen aus, die sich gegenseitig ausschließen. Mythische Tiere seien kein Teil der Biologie, und es sei auch nicht nötig, biologische Texte in Gedichtform zu verfassen. Der logische Ansatz gab neue Wissensgebiete frei und gab ihnen das Potential, neue Wahrheiten zu entdecken. Es dauerte zweitausend Jahre, bevor die Definitionen zu eng für die Weiterentwicklung wurden und den Fortschritt der aufkommenden Naturwissenschaft behinderten.

Noch zu Lebzeiten galt Aristoteles als der größte Geist der Hellenen. Philipp von Makedonien hatte soeben Griechenland unterworfen und zum erstenmal die zankenden Stadtstaaten in einem Gesamtstaat unter seiner monarchischen Oberhoheit vereint. Er bot Aristoteles an, Hauslehrer seines aufmüpfigen Sohnes Alexander zu werden. Da Aristoteles' Vater schon der Leibarzt von Philipps Vater gewesen war, gehörte er quasi zur Familie. Und er fühlte sich sozusagen verpflichtet, wenngleich keineswegs begeistert, das königliche Angebot anzunehmen.

Widerwillig machte er sich in die makedonische Hauptstadt Pella auf.

Heute ist von Pella nur eine Ruinenlandschaft mit ein paar Kieselmosaiken und einem halben Dutzend Säulen übriggeblieben. Sie liegt an der verkehrsreichen Hauptstraße von Thessaloniki zur griechischen Westgrenze. Eine erstaunlich ausdruckslose Gegend, wenn man bedenkt, daß hier die erste Hauptstadt des alten Griechenland lag. Und später, nachdem sich Alexander der Große auf seinen größenwahnsinnigen Feldzug zur Eroberung der Welt gemacht hatte, war Pella sogar die erste (und letzte) Hauptstadt der gesamten bekannten Welt.

Hier unternahm im Jahre 343 v. Chr. der größte Denker der damaligen Welt den Versuch, den größten Megalomanen seiner Zeit zu erziehen. Aristoteles war 42 und Alexander 13 Jahre alt – doch wen überrascht es zu hören, daß Alexander mühelos die Oberhand behielt? Der dickköpfige Schüler lernte in den drei Jahren, die er mit seinem Lehrer verbrachte, rein gar nichts. Sagt man. Doch Aristoteles Überzeugungen wurden in seinem Schüler erstaunlich wirksam. So war der Meister beispielsweise der unerschütterlichen Ansicht, die Griechen seien allen anderen Völkern bei weitem überlegen. In seinen Augen war für sie der beste Führer ein homerischer Held nach Art des Achill, der darüber hinaus noch mit den neuesten Errungenschaften der griechischen Zivilisation vertraut sein sollte. Aristoteles glaubte fest, ein solcher Mann könne die gesamte Welt erobern. Man kann die geradezu unheimliche Ähnlichkeit seines Schützlings mit dieser Idealgestalt nicht leugnen, selbst wenn Alexander nicht ganz zu der Persönlichkeit wurde, die Aristoteles sich wünschte. In Wahrheit können wir über die Begegnung der zwei großen Geister nur spekulieren, denn es ist erstaunlich wenig davon überliefert.

Wir wissen allerdings, daß Aristoteles als Gegenleistung für seine Dienste von Philipp verlangte, seine Heimatstadt Stagira wieder aufzubauen. Sie war versehentlich dem Erdboden gleichgemacht worden, als Philipp einen Feldzug auf der Halbinsel Chalkidike führte. Und es sieht danach aus, als habe Alexander von seinem großen Eroberungszug eine ganze Sammlung unbekannter Pflanzen und einen Zoo voll exotischer Tiere an seinen alten

Lehrer zur Klassifizierung schicken lassen. Eine der Legenden des Gartenbaus will es, daß auf diese Weise die ersten Rhododendren aus Zentralasien nach Europa kamen. Wenn das der Fall war, muß sich Aristoteles jedoch getäuscht haben: Das altgriechische Wort Rhododendron bedeutet nämlich Rosenbaum.

336 wurde Philipp von Makedonien ermordet, und der sechzehnjährige Alexander übernahm die Herrschaft. Nachdem er schleunigst alle potentiellen Thronanwärter hatte hinrichten lassen, unternahm er Feldzüge durch Makedonien, Albanien und Bulgarien bis zur Donau. Danach wandte er sich nach Süden und zeigte den Griechen, wer Herr im Hause war (wobei er Theben als rauchenden Trümmerhaufen zurückließ). Danach trat er den

Feldzug zur Eroberung der bekannten Welt an, das hieß Nordafrika, Asien bis nach Taschkent und Nordindien. Es ist ein Glück, daß Aristoteles in seinem Geographieunterricht China unterschlagen hatte, dessen Existenz dem Westen in der damaligen Zeit unbekannt war.

Nun hatte Alexander andere Sachen im Kopf und brauchte Aristoteles nicht länger, deshalb durfte dieser nach Stagira zurückkehren. Bevor Aristoteles Pella verließ, empfahl er seinen Vetter Kallistenes als Hofintellektuellen. Diese großzügige Geste hätte ihn fast das Leben gekostet. Kallistenes hatte nämlich ein gefährlich loses Mundwerk. Aristoteles warnte ihn vor seiner Abreise, es im Zaum zu halten. Als nun Alexander seinen Feldzug um die Welt antrat, reiste Kallistenes als offizieller

Hofhistoriker mit. Aber während sich der jugendliche König den Weg durch Persien freikämpfte, scheint sich Kallistenes durch sorgloses Kritikastertum jede Menge Feindschaften zugelegt zu haben. Die Angelegenheit endete böse, nämlich mit der Anklage, er habe sich verschwörerischer Umtriebe befleißigt. Woraufhin Alexander ihn in einen tragbaren Käfig sperren ließ. Kallistenes verschmachtete in der Wüstenglut, sein wundgeriebener und von Ungeziefer bedeckter Körper war so ekelerregend, daß Alexander ihn eines Tages einem Löwen vorwerfen ließ. Wie alle erfolgreichen Megalomanen war auch Alexander nicht frei von Paranoia: Er machte Aristoteles für den vorgeblichen Verrat des Kallistenes verantwortlich. Er soll den Todesbefehl für Aristoteles beinahe unterschrieben, die

Angelegenheit dann aber in den Vorbereitungen seines Aufbruchs nach Indien vergessen haben.

Aristoteles hielt sich fünf Jahre in Stagira auf und kehrte dann nach Athen zurück. 339 starb Speusippos und der Posten des Akademieleiters war wieder einmal frei. Dieses Mal fiel er an Xenokrates, den einstigen Freund Aristoteles', der als streng und würdevoll galt, obwohl er einst beim Becherwettkampf* für seine Trinkfestigkeit die goldene Krone erhalten hatte. (Zwanzig Jahre später stürzte er nachts in ein Wasserfaß und ertrank.)

Aristoteles fühlte sich so auf die Hühneraugen getreten, daß er beschloß, nun endlich eine eigene Schule

* Beim jährlichen Choenfest am Hofe des Dionysios in Syrakus. A.d.Ü.

zu gründen. Er richtete sie am Fuß des Lykabettos in einer großen Sporthalle außerhalb der Stadtmauern ein. Sie gehörte zu dem nahegelegenen Tempel des Apollon Lykeios. (Der Wolf, griech. lykos, war ein Attribut des Apollon.) Deshalb wurde die Schule des Aristoteles als Lykeion bekannt. Der Name ist bis heute lebendig geblieben, unter anderem in dem deutschen Wort Lyzeum und dem französischen lycée.

Das Lykeion ähnelte einer modernen Universität sehr viel mehr als die Akademie. Alle zehn Tage wählte man im Studentenrat einen neuen Leiter. Mehrere Fakultäten warben um die Studenten, und man versuchte sogar einige Male, einen Stundenplan einzuführen. Das Lykeion forschte auf verschiedenen wissenschaftlichen Gebieten und gab seine Ergebnisse an die Studenten weiter. Die Akademie legte Wert darauf, den Studierenden Grundlagen in Politik und Rechtskunde zu vermitteln: Sie sollten der Nachwuchs der herrschenden Elite sein. Insofern könnte man sie mit den Universitäten Oxford oder Heidelberg zu Beginn dieses Jahrhunderts vergleichen. Das Lykeion hingegen war gewissermaßen das Massachusetts Institute of Technology (M.I.T.) seiner Zeit.

Die Unterschiede zwischen den beiden Lehranstalten spiegeln die Unterschiede in den Philosophien von Aristoteles und Platon: Platon malte sich in seinem Werk *Der Staat* eine utopische Gesellschaft aus, Aristoteles zog es vor, Kopien sämtlicher Verfassungen der griechischen Stadtstaaten zu sammeln und aus jeder die besten Punkte auszuwählen. Die Stadtstaaten wandten sich an das Lykeion, wenn sie eine neue Verfassung entwerfen wollten. Niemand hingegen versuchte, den Staat Platons zu gründen. Leider waren Aristoteles' ausführliche Politikstudien ein Stück weit überflüssig gemacht worden und zwar von niemand geringerem als seinem schlimmsten Schüler. Das Antlitz der Erde war im Begriff, sich für immer zu wandeln: Das neue Reich Alexanders des Großen bedeutete das Ende der souveränen Stadtstaaten, ähnlich wie heute die kontinentalen Zusammenschlüsse zum Niedergang der unabhängigen Nationen führen könnten. Doch weder Aristoteles noch sonst einer der vielen großen Geister, die in den Schulen Athens versammelt waren, scheint diese große historische Veränderung wahrgenommen zu haben. Wie auch die großen Denker des 19. Jahrhunderts von Marx bis Nietzsche die sich abzeichnende Vorherrschaft Amerikas nicht erkannten.

Aristoteles unterrichtete seine Schüler, während er mit ihnen hin- und herwandelte (»peripatein«). Infolge dessen erhielten seine Anhänger den Namen Peripatetiker. Es heißt aber auch, der Name sei von den Arkaden der Sporthalle, dem Peripatos, abgeleitet.

Aristoteles war das erste und vielleicht das größte aller Universalgenies. Es gibt nichts, worüber er sich nicht ausgelassen hätte, von Muschelformen bis zur Sterilität. Man sagt, er habe jedes Wissensgebiet, mit dem er sich befaßte, verwandelt (mit Ausnahme der Mathematik, welche die Domäne der

Akademie war). Er gilt als der Begründer der Logik. (Es sollte über 2000 Jahre dauern, bis ein Logiker von vergleichbarem Format auftauchte.) Als Metaphysiker war er fast Platon gleichzusetzen, und er übertraf seinen Meister in der Ethik und in der Erkenntnistheorie. (Der originellere Denker war aber dennoch Platon. Aristoteles mag zwar die Antworten gefunden haben, aber Platon erkannte als erster, welches die grundsätzlichen Fragen waren.)

Viele Jahrhunderte lang wurde Aristoteles mit der Philosophie gleichgesetzt. Im Mittelalter galt seine Lehre als eine Art Evangelium und verhinderte jegliche Entwicklung. Doch selbst wenn Aristoteles der Erbauer des mittelalterlichen Gedankengebäudes war, so war es schwerlich seine Schuld, daß es schließlich zum Gefängnis wurde.

Aristoteles selbst hätte es nie dazu kommen lassen. Seine Werke sind voll von Widersprüchlichkeiten und spiegeln seinen sich ständig hinterfragenden und vorwärtsstrebenden Verstand. Er zog es vor, die Welt zu erforschen, statt sich in Spekulationen über sie zu verlieren. Selbst aus seinen Irrtümern spricht eine gewisse poetische Einsicht – »Ärger ist das Kochen des Blutes um das Herz«, »das Auge wird vom Himmel blau gefärbt«. Gemäß der wahren griechischen Tradition sah er den Fortschritt der Menschheit in der Erziehung. Er glaubte, der Unterschied zwischen Gebildeten und Ungebildeten sei wie »zwischen Lebenden und Toten«. Und doch ist er kein naiver Optimist, was die Bedeutung der

Erziehung anbelangt: »Die Bildung … sei in glücklichen Zeiten eine Zierde, im Unglück eine Zuflucht.« Er war vielleicht gegen Ende seines Lebens etwas pedantisch, aber aus seinem Werk geht hervor, daß ihm menschliches Leiden vertraut war. Er blieb sein ganzes Leben ein Lehrer und strebte nie nach einem öffentlichen Amt – und doch hat kein Mensch in der Geschichte je eine solch anhaltende Wirkung auf die Welt gehabt oder wird sie jemals haben, es sei denn, ein Bösewicht drückt einmal doch auf den Atomknopf.

Wir hatten Glück, denn Aristoteles scheint ein guter Mensch gewesen zu sein. Er sah das Ziel der Menschheit im Streben nach Glück, worunter er die Verwirklichung des besten, dessen wir fähig sind, verstand. Doch was genau *ist* das beste, dessen wir fähig sind? In Aristoteles' Augen ist der Verstand das höchste Gut des Menschen. Deshalb sei derjenige der beste und glücklichste Mensch, der soviel Zeit wie möglich in der reinsten Anwendung des Verstandes, mit dem Theoretisieren, verbringe. Das ist eine sehr unschuldige, oberlehrerhafte Spielform des Hedonismus. (Womit erlange ich die meiste und dauerhafteste Lust?) Aristoteles' Schüler Alexander suchte ohne Zweifel ebenfalls die Verwirklichung des besten, dessen *er* fähig war – und brachte unzähligen Menschen Leid und Tod. Dem Vorwurf, daran sei der Meister schuld, kann man entgegenhalten, Aristoteles habe derlei moralische Exzesse mit seiner berühmten Lehre von der goldenen Mitte in Schach zu halten versucht. Nach dieser

Lehre ist jede Tugend die Mitte zwischen zwei Extremen. Unglücklicherweise führt dies entweder zum Lob der Mittelmäßigkeit oder zur Wortklauberei. Wenn man die Wahrhaftigkeit auf halbem Weg zwischen einer Lüge und der Richtigstellung einer Unwahrheit ansiedelt, so mag das ein Geistesblitz sein. Logisch und ethisch aber wertlos. (Aristoteles hat das nicht behauptet, aber er hätte sich etwas Ähnliches ausdenken müssen, um die Lücke in seinem Argument zu schließen.)

In den letzten Jahren seines Lebens starb Pythias. Aristoteles hatte sich anscheinend als verheirateter Mann recht wohlgefühlt, denn nun ehelichte er seine Dienerin Herpyllis, welche die Mutter seines ersten Sohnes, Nikomachos, wurde. 323 verbreitete sich in Athen die Nachricht vom Tode Alexanders. Er war in Babylon nach einem Trinkgelage mit seinen Generälen gestorben. Die Athener hegten schon lange einen Groll gegen die Herrschaft der unkultivierten Makedonen, und nach Alexanders Tod ließen sie ihren Gefühlen freien Lauf. Da Aristoteles in Makedonien geboren und berühmt war, weil er dessen größten Sohn erzogen hatte, wurde er zum Opfer der antimakedonischen Stimmung. Man beschuldigte ihn mangels anderer Anlässe ersatzweise der Gottlosigkeit. Sein Ankläger Eurymedon berief sich auf eine Hymne, die Aristoteles zwanzig Jahre zuvor anläßlich des Todes seines Wohltäters Hermias von Atarneus verfaßt hatte. Der Mob wollte Blut sehen, und Aristoteles wäre ohne Zweifel zum Tode verurteilt worden. Aber er war nicht aus dem gleichen Stoff gemacht wie Sokrates. Er hatte keinerlei Neigung zum Märtyrertum. Er war klug genug, sich abzusetzen, um Athen, wie er sagte, daran zu hindern, sich zum zweitenmal an der Philosophie zu versündigen.

Die Entscheidung fiel ihm alles andere als leicht, denn sie bedeutete auch, daß er das Lykeion für immer zurücklassen mußte. Seiner geliebten Bibliothek und des Zugangs zu seinen Forschungsarchiven beraubt, zog sich der alternde Philosoph auf ein Gut in Chalkis zurück, das er von seinem Vater geerbt hatte. Chalkis liegt etwa fünfzig Kilometer nördlich von Athen auf der langgestreckten Insel Euböa, an der Stelle, wo sie vom Festland durch einen schmalen Kanal getrennt ist. Die Wasser dieses Kanals haben eine unerklärliche Eigenschaft. Obwohl die Ägäis gezeitenlos ist, schießt eine schnelle Strömung durch den Kanal und ändert mehrmals am Tag ohne erkennbaren Grund ihre Richtung. Eine hartnäckige Legende der Einheimischen besagt, Aristoteles habe so manchen Tag damit verbracht, diese Erscheinung zu ergründen – und als ihm das nicht gelungen sei und er zum erstenmal in seinem Leben eine Niederlage einstecken mußte, sei er ins Wasser gesprungen und ertrunken.

Verläßlichere Quellen berichten, Aristoteles sei ein Jahr nach seiner Übersiedlung nach Chalkis im Jahr 322 im Alter von 63 Jahren an einem Magenleiden gestorben. Eine andere Überlieferung behauptet, er habe Selbstmord begangen, indem er einen akonitumhaltigen Extrakt, der aus dem Eisenhut gewonnen wird, getrunken habe. Der Extrakt wurde in jenen Tagen als Heilmittel eingesetzt. Ich vermute daher, daß der Tod auf eine versehentliche Überdosierung des selbstverschriebenen Schmerzmittels zurückzuführen ist und der Selbstmord unbeabsichtigt war. Dennoch ist es durchaus möglich, daß der bittere Verlust des Lykeions ihn an einen Punkt brachte, wo er das Leben nicht mehr für lebenswert erachtete.

Aristoteles' Testament beginnt mit den unsterblichen Worten: »Hoffentlich geht alles gut; für den Fall aber, daß sich etwas ereignen sollte . . .« In der Folge gibt er Anweisungen, wie seine Kinder zu versorgen und daß seine Sklaven freizulassen seien. Dann legte er seinem Testamentsvollstrecker ans Herz, daß Herpyllis, sollte sie wieder zu heiraten wünschen, einem würdigen Manne gegeben werde. Das Testament vermittelt den Eindruck eines durch und durch prosaischen, aber anständigen Menschen, dessen Charakter nicht darunter gelitten hatte, daß er ein Genie war. Er schließt sein Testament mit der Verfügung, ein Teil seines Geldes solle zur Errichtung zweier lebensgroßer Statuen von Zeus und Athena in Stagira verwendet werden. Zwischen den verlassenen Steinen findet sich davon keine Spur mehr.

Kleiner Aristotelischer Zitaten-schatz

Tugend: Das rechte Maß

Die ethische Tugend befaßt sich mit den Leidenschaften und Handlungen, und an diesen befinden sich Übermaß, Mangel und Mitte. So kann man mehr oder weniger Angst empfinden oder Mut, Begierde, Zorn, Mitleid und überhaupt Freude und Schmerz, und beides auf eine unrichtige Art; dagegen es zu tun, wann man soll und wobei man es soll und wem gegenüber und wozu und wie, das ist die Mitte und das Beste, und dies kennzeichnet die Tugend. Ebenso gibt es auch bei den Handlungen Übermaß, Mangel und Mitte. Die Tugend wiederum betrifft die Leidenschaften und Handlungen, bei welchen das Übermaß ein Fehler ist und der Mangel tadelnswert, die Mitte aber das Richtige trifft und gelobt wird. Und diese beiden Dinge kennzeichnen die Tugend.

Nikomachische Ethik (N.E.), II

Klugheit

Man kann zwar in der Jugend schon ein Geometer, Mathematiker und überhaupt in solchen Dingen weise sein, nicht aber klug. Die Ursache ist, daß die Klugheit sich auf das Einzelne bezieht und dieses erst durch die Erfahrung bekannt wird. Ein junger Mensch kann aber diese Erfahrung nicht haben, denn sie entsteht nur in langer Zeitdauer. Allerdings könnte man fragen, weshalb ein Kind schon ein Mathematiker werden kann, nicht aber ein Weiser oder Naturphilosoph. Wohl weil das eine durch Abstraktion zustande kommt, die Prinzipien der Naturphilosophie aber aus der Erfahrung stammen. Und hier können die jungen Leute keine Überzeugung haben, sondern nur reden, bei der Mathematik ist das Wesen dagegen nicht unbekannt.

N.E., II

Das glückselige Leben I

Die Glückseligkeit ist kein bloßes Verhalten. Sonst könnte ja auch derjenige sie besitzen, der sein Leben lang schläft und wie eine Pflanze lebt, oder auch ein Mensch, den die größten Unglücksfälle träfen. Wenn uns dies nun nicht befriedigt und wir sie vielmehr in eine gewisse Tätigkeit setzen müssen und wenn ferner die Tätigkeiten teils notwendig und als Mittel, teils an sich begehrenswert sind, so ist die Glückseligkeit offensichtlich als eine von den Tätigkeiten aufzufassen, die an sich und nicht bloß als Mittel begehrenswert sind. Sie ist ja keines anderen Dinges bedürftig, sondern sich selbst genug.

N. E., X

Das glückselige Leben II

Was einem Wesen von Natur eigentümlich ist, ist auch für es das beste und genußreichste. Für den Menschen ist dies das Leben gemäß dem Geiste, da ja dieses am meisten der Mensch ist. Also ist dieses Leben auch das glückseligste.

N. E., X

Kunst als Nachahmung

Allgemein scheinen zwei Ursachen die Dichtung hervorgebracht zu haben, beide in der Natur begründet. Denn erstens ist das Nachahmen den Menschen von Kindheit an angeboren (und darin unterscheidet sich der Mensch von den anderen Lebewesen, daß er am meisten zur Nachahmung befähigt ist und das Lernen sich bei ihm am Anfang durch Nachahmung vollzieht), und zweitens freuen sich alle Menschen an den Nachahmungen. Ein Beweis dafür ist das, was wir bei Kunstwerken erleben. Was wir nämlich in der Wirklichkeit nur mit Schmerzen anschauen, das betrachten wir mit Vergnügen, wenn wir möglichst getreue Abbildungen vor uns haben, wie etwa die Gestalten von abstoßenden Tieren oder von Leichnamen.

Poetik

Ursprung der Tragödie

Ursprünglich begann die Tragödie mit Improvisationen (ebenso die Komödie, und zwar die eine mit denen, die den Dithyrambos anstimmten, die Komödie mit den Phallusumzügen, so wie sie auch jetzt noch in vielen Städten gefeiert werden), entwickelte sich langsam und brachte eins nach dem anderen ans Tageslicht und machte viele Veränderungen durch, bis schließlich ihre Entwicklung ein Ende nahm, als sie ihre eigentliche Natur gewonnen hatte.
Die Zahl der Schauspieler hat zuerst Aischylos von einem auf zwei gebracht, zugleich hat er den Chor zurücktreten lassen und die

gesprochene Rede zum Träger der Handlung gemacht. Sophokles hat drei Schauspieler und die Bühnenmalerei eingeführt. Zugleich nahm die Tragödie an Größe zu gegenüber den kleinen Geschichten des Anfangs, und nachdem die Redeweise anfangs lächerlich gewesen war (weil sie sich aus dem Satyrspiel entwickelt hatte), wurde die Tragödie erst spät feierlich.

Poetik

Gesetz und Recht

Wer nicht in Gemeinschaft leben kann, oder ihrer, weil er sich selbst genug ist, gar nicht bedarf, ist kein Glied des Staates und demnach entweder ein Tier oder ein Gott. Darum haben denn alle Menschen von Natur in sich den Trieb zu dieser Gemeinschaft, und der Mann, der sie zuerst errichtet hat, ist der Urheber der größten Güter. Denn wie der Mensch in seiner Vollendung das vornehmste Geschöpf ist, so ist er auch, des Gesetzes und Rechtes ledig, das schlechteste von allen. Die bewaffnete Ungerechtigkeit ist am ärgsten, und der Mensch tritt ausgestattet mit den Waffen seiner intellektuellen und moralischen Fähigkeiten ins Dasein, Waffen, die, wie sonst keine, so ganz entgegengesetzt gebraucht werden können. Deshalb ist er ohne Moralität das ruchloseste und roheste und in bezug auf Geschlechts- und Gaumenlust das allergemeinste Geschöpf. Die Gerechtigkeit aber, der Inbegriff aller Moralität, ist eine politische Sache. Denn das Recht ist nichts anderes als die in der staatlichen Gemeinschaft herrschende Ordnung, und eben dieses Recht ist es auch, das über das Gerechte entscheidet.

Politik 2

Vom Nutzen der Theorie

Jeder beurteilt dasjenige richtig, was er kennt, und ist darin ein guter Richter. Über einen bestimmten Gegenstand vermag der darin Gebildete zu urteilen, über alle Gegenstände der in allem Gebildete. Darum ist ein junger Mensch kein geeigneter Hörer für die politische Wissenschaft. Denn er ist unerfahren in der Praxis des Lebens. Ferner ist er geeignet, den Leidenschaften zu folgen, und wird darum ohne Zweck und Nutzen zuhören, da ja das Ziel hier nicht die Erkenntnis, sondern das Handeln ist. Es macht allerdings keinen Unterschied, ob man an Jahren jung ist oder an

Charakter unreif. Denn der Mangel hängt nicht von der Zeit ab, sondern davon, daß man den Leidenschaften lebt und auf sie hin jedes einzelne erstrebt. Für solche Menschen ist die Erkenntnis völlig fruchtlos, wie etwa für die Unbeherrschten. Wer aber seine Strebungen nach der Vernunft richtet und demgemäß handelt, für den dürfte das Wissen von diesen Dingen von vielfältigem Nutzen sein.

N. E., 1

Lebensentwürfe I

Nicht ohne Grund scheint man das Gute und die Glückseligkeit an den Lebensformen abzulesen. Die Mehrzahl der Leute und die rohesten wählen die Lust. Darum schätzen sie auch das Leben des Genusses. Es gibt nämlich vor allem drei hervorstechende Lebensformen, die eben genannte, die politische und die betrachtende.
Die große Menge erweist sich als völlig sklavenartig, da sie das Leben des Viehs vorzieht.
Die gebildeten und energischen Menschen wählen die Ehre. Denn dies kann man als Ziel des politischen Lebens bezeichnen. Aber es scheint doch oberflächlicher zu sein als das, was wir suchen. Denn die Ehre

liegt wohl eher in den Ehrenden als in dem Geehrten, vom Guten aber vermuten wir, daß es dem Menschen eigen ist und nicht leicht verlorengehen kann. Ferner scheint man die Ehre zu suchen, um sich selbst zu überzeugen, daß man gut sei. Man wünscht ja geehrt zu werden durch die Verständigen und durch jene, die einen kennen, und dies wegen der eigenen Tüchtigkeit. So ist eigentlich für diese die Tüchtigkeit das höhere Ziel. Also könnte man vielleicht die Tüchtigkeit als das letzte Ziel der politischen Lebensform auffassen.

Aber selbst sie erweist sich als unvollkommen. Man kann mit ihr Mißgeschick erleiden und in das größte Unglück kommen. Wer aber so lebt, den wird niemand glückselig

nennen, außer um eben seine
Behauptung zu retten.
Die dritte Lebensform ist die betrachtende. Sie werden wir im nachfolgenden untersuchen.
Die kaufmännische Lebensform hat etwas Gewaltsames an sich, und offensichtlich ist der Reichtum nicht das gesuchte Gute. Denn er ist nur als Mittel zu anderen Zwecken zu gebrauchen. Darum wird man wohl eher die obengenannten Dinge als Ziele annehmen; denn diese werden um ihrer selbst willen geschätzt.

N. E., I

Nachwort

Als Aristoteles Athen im Jahre 323 v. Chr. verlassen mußte, hinterließ er das Lykeion in der Obhut des Theophrast. Einer Überlieferung zufolge hatte sich Theophrast in Aristoteles' Sohn verliebt, als er dessen Lehrer war. Doch Aristoteles sah in diesem von der Zeit allgemein akzeptierten Berufsrisiko keine Disqualifikation seines Nachfolgers. Theophrast stellte den Fortbestand des Lykeions nach der Abreise seines Gründers sicher. Die peripatetische Schule machte ihrem Namen bald alle Ehre, denn ihre Schüler bereisten die gesamte klassische Welt und verbreiteten die aristotelische Philosophie.

Dennoch dauerte es dreihundert Jahre, bis Aristoteles' Werke in der uns heute bekannten Form zusammengestellt wurden. Sie können in zwei Gruppen unterteilt werden: in diejenigen, die er für die Veröffentlichung bestimmt hatte, und in seine Notizen für das Lykeion (die nur zum privaten Gebrauch gedacht waren). Es mußte natürlich so kommen, daß die ersteren alle verschollen und ausschließlich die letzteren bis zum heutigen Tag erhalten sind. Ursprünglich fragmentarische Aufzeichnungen, waren sie auf hunderte von Schriftrollen verteilt. Andronikos von Rhodos, das letzte Oberhaupt des Lykeions, faßte sie zu verschiedenen Werken zusammen. Andronikos verdanken wir auch den Begriff der Metaphysik. Er gab diesen Namen einer Gruppe Arbeiten, die ursprünglich titellos waren und direkt auf die Gedanken zur Physik folgten.

Deshalb versah Andronikos sie einfach mit der Bezeichnung »Nach der Physik«, was auf Altgriechisch »Metaphysik« heißt. Im Verlauf der Jahrhunderte sprach man nur noch von der Metaphysik, wenn man die Philosophie meinte, obwohl dieses Wort ursprünglich gar nichts mit der Philosophie zu tun hatte.

In der klassischen Ära galt Aristoteles keineswegs als einer der großen griechischen Philosophen (vom Format eines Sokrates oder Platon). In römischen Zeiten wurde er als großer Logiker geschätzt, doch der Rest seiner Philosophie stand ganz im Schatten des Neu-Platonismus (oder ging völlig darin auf). Und im Verlauf der Jahrhunderte wurde dieser wiederum vom Christentum absorbiert. Die aristotelische Logik bildete das Fundament einer jeden guten theologischen Debatte. Die an Einfluß gewinnenden Intellektuellen der Klöster schärften ihren Verstand an logischen Haarspaltereien. Die größten Geister versuchten mit diesem Verfahren, Ketzereien nachzuweisen. Die theologisch unbedenkliche Logik des Aristoteles wurde Teil des christlichen Kanons.

Doch das restliche Werk war für den Westen verschollen. Nur im Orient beschäftigten sich die Gelehrten weiterhin mit seiner Philosophie in ihrer Gesamtheit. Im siebten Jahrhundert begann der Siegeszug des Islam, und die Araber eroberten weite Teile des Nahen Ostens. Die islamischen Gelehrten erkannten rasch Aristoteles' Bedeutung und sahen in seiner Philosophie keinen Widerspruch zu ihrem Glauben. Sie begannen, sein Werk in ihrem

Sinne zu deuten. Seine Lehren wurden zur Grundlage der islamischen Philosophie. Die Araber hatten als erste die wahre Bedeutung Aristoteles' erkannt. Während der Okzident in das »finstere« Mittelalter versank, entwickelte sich die islamische Welt geistig weiter. Indizien für das reiche Erbe, das wir aus Arabien übernommen haben, sind Wörter wie Algebra, Alkohol und Alchemie.

Die aristotelische Philosophie wurde von zwei großen islamischen Gelehrten weiterentwickelt. Abu Ali al-Husain ibn Abd Allah ibn Sina (bei uns zum Glück Avicenna genannt) wurde gegen Ende des 10. Jahrhunderts in Persien geboren. Er war einer der größten Philosophen und Wissenschaftler der islamischen Welt. Avicennas umfangreiche medizinische Werke gehörten zu den besten, die je geschrieben wurden, denn er unternahm den heldenhaften Versuch, die Medizin von der Quacksalberei zu trennen. Er versuchte sogar, alle derartigen Elemente aus Aristoteles' Werken zu beseitigen. Zudem fielen ihm verschiedene Probleme auf, die Aristoteles übersehen hatte. Die von ihm vorgeschlagenen Lösungen könnten von Aristoteles selbst sein. Seine Versuche, Aristoteles' Gedanken zu systematisieren, sind meisterhaft und tragen zur Klärung vieler Stellen bei. Leider wurde dadurch aber auch manches eingeschränkt, was Aristoteles offen lassen wollte. Aristoteles war sich dessen bewußt, daß er nicht alles wissen konnte – Avicennas Selbstverständnis war da etwas weniger bescheiden.

Der zweite große Aristoteles-Kommentator war Averroës. Er lebte im 12. Jahrhundert im maurischen Spanien und war der persönliche Philosoph und Arzt des Kalifen von Cordoba. Averroës war davon überzeugt, die Philosophie und insbesondere die des Aristoteles sei der Königsweg zur Wahrheit. Die Offenbarungen des Glaubens waren in seinen Augen nur die zweitbeste Methode, zu Gott zu gelangen. Die Vernunft überrage den Glauben bei weitem.

Eines Tages schreckte der Kalif Averroës mit der Frage auf, wie die Himmel entstanden seien – worauf der Philosoph keine Antwort wußte. (Was am Hof eines Kalifen nicht unbedingt empfehlenswert ist.) Der Kalif verlangte, Averroës solle die Antwort bei Aristoteles suchen. Der Philosoph verbrachte also die folgenden dreißig

Jahre damit, Kommentare und Interpretationen des Aristoteles zu verfassen. (Er war jedoch klug genug, nie eine Antwort auf die Frage des Kalifen zu finden, denn dieser hatte bereits sein eigenes Ergebnis kundgetan.) Averroës fand aber seine eigenen Antworten auf Aristoteles und griff sogar auf dessen Argumente zurück, um seine eigenen Theorien zu untermauern (obwohl diese dem Aristoteles oft widersprachen).

Averroës kam den christlichen Gelehrten des Mittelalters für ihre Jagd auf Häretiker gerade recht. Es dauerte nicht lange, bis Übersetzungen seiner Aristoteles-Kommentare in Paris, der Stadt der Gelehrsamkeit, die Runde machten. Doch die Anhänger des Averroës gerieten bald in Schwierigkeiten. Die Kirche hatte zwar Aristoteles akzeptiert, doch diese neuen Lehren waren verdächtig unorthodox. In der Auseinandersetzung zwischen Glauben und Verstand konnte es keinen Zweifel an der Überlegenheit des Glaubens geben. Die Jünger Averroës' sahen sich der Anklage der Häresie ausgesetzt, und ihre einzige Verteidigung waren die Argumente aus eben der Quelle, deretwegen sie angeklagt wurden.

Zum Glück löste Thomas von Aquin, der größte mittelalterliche Gelehrte, das Problem. Ihm gelang ein Kompromiß: Die Vernunft mußte zwar in der Tat die Freiheit haben, nach ihren eigenen Gesetzen zu operieren, aber nur innerhalb der Grenzen des Glaubens. Vernunft war nichts ohne den Glauben.

Thomas von Aquin war von Aristoteles fasziniert und erkannte sehr schnell dessen Größe. Er verbrachte einen Großteil seines Lebens damit, Aristoteles' Philosophie mit dem katholischen Glauben zu versöhnen. Es gelang ihm, die aristotelische Philosophie zur Grundlage der christlichen Theologie zu machen. Das war ihre Rettung und ihr Untergang. Die katholische Kirche verkündete, die Lehren des Aristoteles – in der Interpretation des Thomas von Aquin – seien die reine Wahrheit, ihre Leugnung komme der Ketzerei gleich. (Was »im Prinzip« bis auf den heutigen Tag gilt.) Ein großer Bereich der aristotelischen Philosophie befaßte sich mit der Natur und betraf deshalb die Wissenschaft. In der Wissenschaft wie in der Philosophie werden häufig Wahrheiten verkündet, die ungültig werden, wenn sich der Kenntnisstand ändert. Indem die Kirche die Lehren des Aristoteles zum Evangelium machte, stellte sie sich selbst in die Ecke (und obendrein war es die Ecke einer flachen Erde). Der Konflikt zwischen Kirche und Wissenschaft war deshalb unvermeidlich.

Aristoteles trifft keine Schuld an dem Konflikt zwischen Verstand und Glauben, der im westlichen Denken erst im zwanzigsten Jahrhundert befriedigend gelöst wurde. Doch das Vermächtnis des Aristoteles hinterließ seine Spuren, auch bei denen, die nicht länger daran glaubten, daß die Erde der Mittelpunkt des Universums sei. Als Aristoteles das menschliche Wissen in Kategorien unterteilte, half er uns, die Welt systematisch zu erfassen. Doch zu Beginn des zwanzigsten Jahrhunderts war unser Wissen so umfangreich geworden, daß es durch diese Kategorien behindert wurde. Aufgrund des Systems konnte sich das Wissen nur entlang vorbestimmter Pfade entwickeln, und viele dieser Pfade waren in Gefahr, sich im Dickicht zu verlieren. Es mußte ein radikal anderer Ansatz gefunden werden.

Aristoteles' unvergleichliche Originalität spiegelt sich in der Tatsache, daß es über 2300 Jahre dauerte, bis wir die Grenzen seines Denkens erreichten. Und selbst die Beerdigung seiner Lehre hat noch einmal zahlreiche faszinierende philosophische Fragen aufgeworfen. Wieviele andere Begrenzungen dieser Art werden wir noch entdecken? Wie gefährlich sind unsere Denkfehler? An welchen Erkenntissen hindern sie uns?